VÉRITÉS

soumises à la sollicitude du Corps Législatif, sur les causes de notre détresse.

I

Tout citoyen occupé du bonheur de sa patrie, se demande avec surprise comment il se fait que les frais de la guerre, malgré la réduction de nos armées à moins de 300,000 hommes, s'élèvent encore à 600,000,000 liv., tandis qu'il est de notoriété constante, qu'une armée de 300,000 hommes, agissante même sur son propre sol et dans laquelle on suppose un quart de cavalerie, ne peut coûter pour chaque homme plus de vingt-cinq sols par jour, ce qui présente une dépense réelle de 150,000,000 au plus. En augmentant cette somme du quart et même du tiers pour les dépenses de l'artillerie et les approvisionnemens extraordinaires, on ne voit pas encore que les dépenses de la guerre puissent être portées à 180,000,000 millions.

La surprise augmente bien davantage, quand on pense aux ressources immenses, et conséquemment aux économies qui devroient résulter des contributions et des subsides en tout genre que nous four-

A

nissent les étrangers, les alliés, les pays conquis, l'ennemi même quelquefois. Chacun semble gémir en silence sur les maux qui nous accablent, sans oser en indiquer les causes. Celui qui entreprend de les faire connoître au Corps Législatif, se console déjà par l'idée que la sollicitude des vrais amis de la patrie ne restera point inactive sur les moyens d'arrêter les progrès trop rapides de notre épuisement inévitable.

On peut d'abord considérer la versatilité du sistême administratif depuis la guerre actuelle, comme la source du désordre qui va toujours croissant. Il ne s'est presque point opéré de changement dans cette partie, qu'il n'ait ouvert cent portes nouvelles au gaspillage et à la dilapidation. Des mains d'une administration ancienne et expérimentée, le service a passé dans celles de l'ignorance. La confusion est arrivée ; et après avoir parcouru cent fois le cercle le plus vicieux, on s'est fixé aux grandes entreprises. Chacun sait aujourd'hui pourquoi ce dernier mode a prévalu. L'épuisement des finances, loin d'avoir écarté les Entrepreneurs, semble au contraire les faire pulluler à l'infini ; cela peut encore aisément se concevoir. Le motif de cette affluence est infiniment simple. Chaque entreprise administrant ses propres fournitures, peut impunément doubler, tripler, décupler même quelquefois sa dépense effective. C'est sur la plus grande latitude qu'on fournit aux Entrepreneurs pour frauder, que reposent tous leurs calculs; quelques détails rendront ces vérités sensibles. Mais avant tout, il importe de faire connoître combien est faux et abusif le prétexte d'économie dont on se sert toujours pour opérer un nouveau changement.

Il n'est pas vrai qu'en administration, l'économie consiste uniquement dans la réduction des prix sur telle ou telle denrée; sans doute il importe de ne point excéder le prix courant de chaque chose, mais le point essentiel consiste, d'une part, à déterminer les besoins, et de l'autre à régler l'emploi ou la distribution des matières. C'est là que se trouve le vrai mérite de l'Administrateur, et tel homme feroit payer une denrée quelconque dix pour cent plus chère qu'un autre, qu'il pourroit économiser au Gouvernement cent et deux cent pour cent. Qu'importe en effet à l'Entrepreneur en général qu'on lui paie la ration du soldat quatre ou six sols, s'il doit compter de ses fournitures sur ses propres distributions? Il en est quitte pour comprendre 200,000 parties prenantes, là où il n'en existe pas 60,000. Ceci n'est ni supposé ni exagéré. Qu'on rapproche les états de distributions faites depuis un an aux armées du Nord, et qu'on les compare aux revues générales ou particulières, cette différence s'y trouve réellement. Cependant il n'y a plus aujourd'hui de parties prenantes que les militaires, puisque tous les services sont en entreprises et que les Employés n'ont plus droit aux rations. Autrefois on allouoit aux administrations un sixième de fournitures au - delà du complet des troupes, tant pour les déchets que pour la consommation des Emploiés du Gouvernement. On exigeoit encore des revues pour ces Emploiés, et des formes rigoureuses pour constater les déchets. Aujourd'hui qu'il n'existe plus d'Emploiés publics, les consommations, loin d'être diminuées, sont triplées, quadruplées sur les états des Fournisseurs. On met en fait que si on proposoit aux Entrepreneurs des subsistances militaires, de ne recevoir leurs décomptes que sur les revues des Généraux d'armée, même avec la bonification d'un quart en sus de l'effectif, pas un ne voudroit fournir pour le double du prix qu'on lui accorde en ce moment; ou bien encore, si on bornoit le service des Entrepreneurs à de simples approvisionnemens sans manutention, bientôt on verroit leur foule nombreuse se dissiper, et dans ce cas aussi on n'en trouveroit pas un seul qui ne doublât au moins ses prix.

Ainsi le Gouvernement se trompe quand il pense qu'il trouve économie et sûreté dans le mode d'entreprises qu'il vient de consacrer. Il n'existe pas en ce moment un seul marché soit des vivres, soit des transports, soit de l'habillement, soit des hôpitaux, qui ne porte l'empreinte ou de la fraude ou de l'ignorance. Tant que le Gouvernement repoussera les moyens de comparaison nécessaires pour balancer la fourniture réelle avec l'effectif des besoins, on ne doit pas s'étonner que la dépense se trouve quadruplée Mais le Corps Législatif peut-il souffrir que la France entière soit foulée par toutes les concussions que la détresse du Gouvernement peut le forcer d'exercer ?

L'imprévoyance des faiseurs de marchés, favorise tellement les entrepreneurs de toute espèce , que souvent si la honte ne retenoit ceux-ci , ils proposeroient de faire, dans certains cas , des remises réelles , au lieu de recevoir le moindre paiement pour leurs fournitures. Témoin ce qui s'est passé avant la retraite du général Jourdan de l'Allemagne. Le pays occupé alors par l'armée de Sambre et Meuse, fut frappé de tant de réquisitions en subsistances que les Entrepreneurs, embarrassés par l'abondance des denrées, se faisoient payer des sommes énormes en argent par les Municipalités, pour la superfluité des objets qu'elles devoient fournir en nature. Toutes les preuves de ces faits sont consignées dans les Bureaux ministériels. Par quels motifs les tient-on secrètes ? C'est ce que chacun peut interpréter à sa manière. Mais le Corps Législatif ne peut rester indifférent sur tant d'abus.

Au moment de passer les grands marchés qui étonnent véritablement tout homme un peu exercé en matières administratives, on a eu soin de frapper les Départemens conquis , de réquisitions en assez grande quantité pour assurer le service de toute la campagne. Que reste-il donc à faire pour les entreprises qui reçoivent tous ces produits en nature ? Il leur reste à s'occuper du soin de se les approprier. Pas une Compagnie n'a tenu ni même rendu compte du produit des réquisitions avec lesquelles elle a fait constamment son service. Il est de fait que depuis que la France a porté ses conquêtes en Belgique et en Hollande , ces deux pays vraiment inépuisables, ont fourni à tous les besoins des armées, même aux approvisionnemens. Ils ont été fatigués, vexés de toutes les manières, uniquement pour enrichir quelques compagnies puissantes. Ce qu'on ignore ou qu'on feint d'ignorer, c'est qu'à l'exception de la solde des troupes, toutes les armées du Nord n'auroient pas dû coûter un million par mois depuis plus d'un an, si tout le produit des subsides et des réquisitions avoit été fidélement administré pour le compte du Gouvernement.

Cependant on a vu des Entrepreneurs sans crédit , sans fortune, sans moyens. réclamer en moins de trois mois, 22,000,000 pour le service des fourrages à la seule armée du Rhin. L'un d'eux fut condamné par le Tribunal de Commerce, à payer à un de ses associés qu'il vouloit écarter, une modique somme de 600,000 liv. à titre d'acompte provisoire pour son quinzième dans les bénéfices présumés de l'entreprise commune. Et l'on viendra ensuite demander des emprunts forcés de 600,000,000 pour assouvir la rapacité de trois ou quatre Compagnies !... Ici l'indignation générale se soulève. Si quelqu'un ose nier la vérité de ce dernier fait, qu'il le fasse publiquement, qu'il dépose 1000 louis d'or contre 2000 qu'on lui abandonnera si la preuve n'en est pas fournie dans les vingt-quatre heures. L'Entrepreneur condamné fait partie d'une nouvelle Compagnie toute puissante en ce moment.

Ce n'est pas assez d'abandonner à l'avidité des Entrepreneurs toutes les denrées qui devroient être économisées avec une sorte de respect bien dû sans doute aux malheureux contribuables, on leur confie jusqu'aux trésors des armées. Ici les faits parlent d'eux-mêmes. Tout le monde sait ce qui s'est passé à l'armée d'Italie, et l'on connoît les réclamations justes et pressantes du Général dans le Midi. On connoît moins ce qui est arrivé dans le Nord. Un Entrepreneur, après s'être fait remettre le trésor de l'armée, a fourni pour comptant un procès-verbal *d'enlévement*; et 24,000 liv. ont suffi pour l'acquitter de plusieurs millions!!! On ignore ce qu'a pu coûter le rapport de cette affaire au Directoire Exécutif.

Si l'on jette un coup d'œil sur le service de tous les transports en général, on ne concevra pas comment, à l'exception du service de l'artillerie, on ose encore entretenir et solder des compagnies pour les autres services. L'Entrepreneur des fourrages doit faire lui-même la distribution de ses fournitures ; l'Entrepreneur des vivres est tenu aux mêmes obligations. Les évacuations se font par des voitures de réquisition, les bataillons peuvent se servir de la même ressource, pourvu qu'ils ayent un seul caisson. L'habillement doit livrer les effets dans les magasins indiqués. Les hôpitaux sont eux-mêmes en entreprises. Qu'a donc besoin le Gouvernement d'entretenir des Compagnies de transports à son compte ? Cependant on renouvelle actuellement ces mêmes Compagnies des transports. Pour quel but et à quelle fin ? Pour enrichir quelques nouveaux privilégiés. N'est-il pas juste, après tout, que chaque division du ministère de la guerre ait ses attributions, ses moyens de fortune personnelle ? Ne vaut-il pas mieux gréver l'état de cent millions de dépense superflue, plutôt que de supprimer une division inutile ?

Il est impossible de penser à l'entreprise des hôpitaux sans frémissement et sans agitation. Depuis six mois, l'ancienne Administration de cet important service en sollicite l'entreprise ; elle vient enfin de l'obtenir. Mais depuis six mois elle a eu le plus grand soin d'encombrer ses magasins d'approvisionnemens de toute espèce. On peut, sans exagérer, les évaluer à 60 millions au moins. Ces approvisionnemens sont dus presque en totalité aux différens marchands qui les ont fournis. Ils n'en peuvent poursuivre, comme de juste, le paiement contre les anciens Administrateurs devenus Entrepreneurs, parce que ceux-ci stipulant avant leur marché pour le compte du Gouvernement, n'étoient tenus à aucune obligation personnelle. Aujourd'hui ces mêmes hommes reprennent du Gouvernement, comme Entrepreneurs, toutes les denrées qu'ils se sont procurés comme **Administrateurs**, sans bourse délier. Ces denrées deviennent leur propriété pour sûreté de leur entreprise. Ils s'en font eux-mêmes la transmission ; eux-mêmes en font l'estimation. Qu'il sera curieux de voir la différence du prix pour lequel ils reprennent les approvisionnemens d'avec celui qu'ils les ont fait payer au Gouvernement ! Rien ne devient embarrassant au surplus pour quiconque foule aux pieds tous les principes de la pudeur, et quand on voit remettre à des comptables qui ne sont ni liquidés ni déchargés de leur administration, les p'us grands intérêts à titre d'entreprise, rien ne doit plus étonner.

Au surplus la nouvelle Compagnie des hôpitaux peut maintenant faire le service pendant un an, sans coûter un sol au Gouvernement. Mais à quel prix grand Dieu ! Au profit de qui vont tourner ces spéculations criminelles, ces escroqueries publiquement organisées ? Au profit de leurs coupables auteurs. Quels sont donc leurs grands complices ?...

On ne doit plus douter maintenant de la possibilité de se charger de certaines entreprises non seulement sans en demander le paiement, mais même encore en faisant des remises considérables. Il est de fait que l'entreprise des hôpitaux va se procurer de suite plusieurs millions par la vente de la majeure partie des denrées dont on l'a gratifiée. Le produit de ces ventes doit excéder de deux tiers au moins, les fonds qui lui sont nécessaires pour les frais de sa gestion pendant toute la campagne. Et l'on ose appeller de semblables mesures des réformes économiques !... Applaudissez-vous, braves défenseurs de la patrie, de vous trouver désormais, et peut-être à vos derniers momens, l'objet des spéculations d'une compagnie philantropique qui, pour vour assurer bientôt la paix, vous promet qu'avant six mois il n'existera plus en France un seul hôpital en état de vous fournir le moindre secours. Vous voyez que la paix devient alors inévitable.

Le sistême consacré nouvellement pour le service des hôpitaux, se trouve également appliqué à celui de l'habillement. Mais ici les conditions du marché offrent des particularités bien extraordinaires. Les hôpitaux du moins ne comptent point du prix de leurs fournitures avec le Gouvernement. On leur alloue vingt-quatre sols par chaque journée de malade dans les hôpitaux sédentaires et trente-deux sols dans les hôpitaux ambulans, à la charge de fournir la nourriture et les médicamens. Il y a, comme on

voit, une sorte de novation dans l'emploi des denrées concédées par le Gouvernement aux hôpitaux ;
mais il n'en est pas de même pour l'habillement.
Les Entrepreneurs de ce dernier service rendent
aujourd'hui au Gouvernement ce qu'ils en ont reçu la
veille, avec la différence que les prix ne sont plus
les mêmes. Elle est au moins de moitié, souvent
des trois quarts ; et si cette Compagnie dont la fortune a été augmentée de 14 millions en vingt-quatre
heures, veut risquer une partie de ses gains *légi-
times* dans un pari bien franc et bien loyal, on lui
raportera sur l'heure, copie de l'inventaire qui lui
concède, moiennant six deniers, les mêmes garni-
tures de poignets ou menotes qu'elle a compté le
lendemain deux sols au Gouvernement, le tout aux
termes de son marché.

Cette même Compagnie se pavane avec complai-
sance, se vante publiquement de faire un service
immense depuis quatre à cinq mois, sans avoir reçu
une obole du Gouvernement. Oui, bien pour un
écu monnoié. Mais les 26 millions de marchandises
qu'elle a reçu pour en compter 12 seulement, aussi
en même nature, pendant le cours de toute la campagne, (car ce sera là le maximum de toute sa
dépense) les écus qu'elle s'est procuré par la vente
des trois quarts au moins de toutes les marchandises
qui lui ont été concédées, doit-on compter tout cela
pour rien ? A ce prix, le Gouvernement pouvoit faire

habiller ses troupes sans bourse délier, et réaliser dans ses coffres les 14 millions dont on a gratifié l'entreprise de l'habillement. Au résumé, l'approvisionnement du service étoit fait pour plus de deux ans ; la nouvelle Compagnie a tout épuisé. Dans trois mois, elle quittera la partie ; si on ne lui donne des écus, les magasins seront vuides, les troupes sans vétemens, et la paix sera conclue.

Voici une particularité qui jettera le plus grand jour sur les calculs secrets qui fondent le sistême scandaleux qu'on a fait adopter au Gouvernement. La Compagnie de l'habillement vouloit avoir la totalité des services ; mais il existoit un premier marché avec un ci-devant banquier de Bruxelles. Cette circonstance a valu un petit avantage au Gouvernement, celui de faire reduire à 31 livres 16 sols, l'habillement complet qu'on continue de payer au Négociant Belge 34 liv. 10 sols, ce dernier a tenu bon. Il a sans doute argué de ses conventions secrètes, et il est parvenu à forcer le Gouvernement de maintenir son marché à 34 liv. 10 sols, il en continue l'exécution. Comment accorder maintenant les vues d'économie qu'on met sans cesse en avant, avec des opérations aussi contradictoires ?

Beaucoup de personnes sont encore dupes des plaintes que font entendre les nouvelles Compagnies sur l'immensité de leurs dépenses administratives. Eh bien ! la vérité est que pas une d'elle ne fait son service par elle-même, toutes les fois que ce service peut devenir réel. Leurs opérations sont toutes simples. Elles soutraitent, dans **ce** dernier cas, à cinquante pour cent au-dessous des prix qu'elles reçoivent du Gouvernement. Peu leur importe de quelle manière elles sont payées, puisqu'elles se libèrent avec les valeurs qu'elles reçoivent.

Il semble qu'il n'est pas difficile au Gouvernement de profiter des avantages de tous ces soutraités. Qu'il s'en empare demain, et il aura réduit déjà de moitié la dépense que lui occasionnent les grandes Compagnies. Quant au service qu'elles sont censées faire par elles-mêmes, c'est une véritable mine dont l'exploitation est confiée au brigandage le plus inoui. Ne croyez pas que messieurs les Entrepreneurs fassent jamais le moindre approvisionnement. Ils forcent les Agens du Gouvernement (qui n'ont pas grande peine a s'y résoudre) à exercer des réquisitions sur tous les points, dont ils se sont emparés, et c'est en arrachant au malheureux Cultivateur le fruit de son pénible travail, qu'ils alimentent nos armées au jour le jour. Si, toute-à-l'heure, on contraignoit tous les Entrepreneurs à balancer leurs états de distribution avec leurs achats légalement justifiés, on trouveroit de suite la mesure exacte de leur char-latanisme, de leur inutilité, de leurs friponneries, en un mot.

A quel homme sensé persuadera-t-on jamais qu'une

entreprise, par exemple, nouvellement formée pour l'Italie, soit nécessaire à l'armée qui tire toutes ses subsistances du pays qu'elle occupe, tandis qu'exactement parlant, et si ce n'étoit pas consacrer l'immoralité, on trouveroit des gens qui paieroient au lieu d'être payés, pour être chargés de la manutention des denrées que fournit l'Italie. Ainsi que conviendroit-il de faire en pareil cas? Déterminer les besoins entre le Général et l'Ordonnateur, asseoir des réquisitions en proportion des besoins, charger quelques Agens fidéles, et qu'on paiera raisonnablement, du soin de distribuer les denrées. Il n'en coûtera rien, ou fort peu de frais au Gouvernement. Cette marche est infiniment simple. Mais aujourd'hui l'entreprise doit d'abord compter et se faire payer provisoirement du montant de toutes les fournitures faites aux troupes, comme si elle en avoit fait les avances, sauf à compter ensuite des denrées dont elle ne peut pas toujours dérober la recette entière. Il n'y a pas de différence entre cette opération monstrueuse et révoltante, et la stupide duperie d'un homme qui fourniroit à son tailleur toute l'étoffe nécessaire pour l'habiller, et paieroit ensuite, avec la façon de ses vêtemens, le prix de ses propres étoffes. Est-il rien de plus inconcevable qu'un pareil ordre de choses? Ce n'est là pourtant qu'un des moindres abus qui se commettent journellement avec une audace que l'impunité ne cesse d'encourager.

Encore si on avoit eu la pudeur d'enchaîner l'avidité des Entreprises par des formes quelconques ! Mais non, elles sont abandonnées à elles-mêmes, sans d'autre surveillance que celle d'un Chef de division, incapable de défendre les intérêts du Gouvernement, d'abord, parce qu'il est isolé et qu'il ne peut saisir qu'un foible point du grand ensemble que le véritable Administrateur doit toujours avoir sous les yeux. On pourroit ajouter qu'il devient, malgré lui, l'homme de l'entreprise. D'ailleurs, soumis aux caprices de son maître, il calcule que d'un instant à l'autre on peut le chasser; il n'a qu'une existence précaire; il se hâte de dévorer la curée.

Croit-on persuader sérieusement que dans un moment de crise réelle, toutes les belles entreprises du jour aideroient le Gouvernement? Il n'en est rien. 1°. Chacun se hâte de faire promptement son affaire et de se retirer; 2°. c'est qu'il suffit d'être Entrepreneur du Gouvernement pour ne jouir d'aucun crédit. Il ne faut pas se le dissimuler, tous les Entrepreneurs ne jouissent pas du même privilège de puiser, sans compte ni mesure, dans les coffres publics. Ceux-là seuls y parviennent, qui ont le bonheur de faire quelque pacte secret à la faveur duquel leur fortune est pleinement garantie. L'ordre même établi par la constitution et les loix positives, n'est plus du tout suivi. On défie le Ministère de la guerre de connoître la vraie situation des crédits que les décrets lui ont accordés, depuis sur-tout que le Ministère des finances fait délivrer des fonds sans ordonnance, tantôt à titre d'urgence sur de faux exposés, tantôt à titre de nantissement, etc. etc. Cette confusion doit tout perdre, si bientôt on ne centralise toutes les parties de l'Administration, entre les mains des hommes dont l'expérience, la moralité et les talens ont acquis de justes droits à la confiance publique.

NOTA. *Quelques voix se sont fait entendre en faveur des vrais principes de l'ordre et de l'économie. Elles ont été étouffées par les cris de l'intrigue la plus criminelle. Les auteurs de notre détresse redouteroient-ils, dans la réforme des abus, la critique de leurs déprédations antérieures! Rassurez-vous, hommes craintifs et entreprenans; la peine atteint rarement les grands coupables. Le François est bon et crédule. Il attribuera volontiers à l'erreur et à l'ignorance ce que la rigidité attribueroit peut-être à la cupidité et à la perfidie. Craignez au contraire que votre opiniâtreté à perpétuer des abus qui doivent anéantir la France, ne tourne enfin contre vous-mêmes. Réformez-vous promptement, et la générosité des Français vous votera encore des remercimens-*

DURAND, Homme de Loi.

De l'Imprimerie de BERTOT, rue du Sentier.